상처 주는 말에 똑똑하게 대처하는 말하기 사전

대림아이 마음돌봄시리즈 02

상처 주는 말에
똑똑하게 대처하는
말하기 사전

초판 1쇄 인쇄 2025년 1월 6일
초판 1쇄 발행 2025년 1월 10일

글 양진선·전원정
그림 이정화

펴낸곳 대림출판미디어
펴낸이 유영일
편집 문연정
디자인 난나
마케팅 신진섭
등록 제2021-000005호
주소 서울시 영등포구 대림로34다길 16, 다청림 101동 301호
전화 02-843-9465
팩스 02-6455-9495
E-mail yyi73@naver.com
Tistory https://dae9495.tistory.com

ISBN 979-11-92813-27-1
       979-11-92813-18-9 (세트)

상처 주는 말에 똑똑하게 대처하는

수군수군

깔깔깔

말하기 사전

글 양진선 · 전원정 그림 이정화

대림아이

머리말

　오늘 나눈 대화 중 가장 기억에 남는 말은 무엇인가요? 그리고 그 말은 나에게 어떤 마음이 들게 했나요? 대화 중에는 칭찬하는 말이나 고맙다는 말처럼 힘이 되고 즐거운 대화도 있지만, 상처 주는 말이나 비난하는 말처럼 마음을 다치게 하는 대화도 있어요. 여러분은 오늘 어떤 대화를 주고받았나요?

　즐거운 대화는 누가 시키지 않아도 술술 이야기가 나와요. 하지만 나에게 상처 주는 말에는 우물쭈물하거나, 내 마음을 어떻게 전해야 할지 몰라 머뭇거리게 돼요. 때로는 내 기분을 상하게 하는 말에 똑같이 화를 낸 적도 있지요. 부정적인 감정은 머릿속을 깜깜하게 만들기 때문이에요. 하지만 내 마음을 잘 전하지 못하거나 바냥 화를 내는 것은 상대방과 제대로 된 대화를 할 수 없을뿐더러 좋은 관계를 유지하기 어렵게 만들어요.

우리는 다양한 상황에서 똑똑하게 말하는 방법을 알아야 해요.
기분이 나쁘고 화날 때, 거절하고 싶을 때, 속상하거나 서운할 때,
부끄러운 마음이 들 때, 억울하거나 당황스러울 때처럼 일상생활
속에서 쉽게 겪을 수 있는 여러 가지 상황들이 있어요. 이 책은
그런 상황에서 똑똑하게 대처할 수 있는 말과 행동의 길라잡이가
되어 줄 거예요.

책을 다 읽고 난 뒤에는 새로 알게 된 말하기 방법을 내 것으로
만들어 보세요. 그리고 상처 주는 말에도 내 마음을 똑똑하게
말하는 어린이가 되어, 이 세상이 좀 더 다정한 대화로 가득하도록
만들어 주세요.

 차례

기분이 나쁘고 화날 때

거절하고 싶을 때

속상하거나 서운할 때

부끄러운 마음이 들 때

억울하거나 당황스러울 때

1장

기분이
나쁘고
화날 때

친구가 놀이 규칙을 지키지 않아요

친구가 자꾸 내 말을 무시해요

친구가 나에게 나쁜 말을 해요

부모님이 소리 지르며 화를 내요

친구가 툭툭 치거나 때려요

친구가 빌린 물건을 돌려주지 않아요

채팅방에서 친구와 오해가 생겼어요

친구가 자기 생각만 맞다고 고집부려요

친구가 채팅방에 내 사진을 올렸어요

친구들이 별명으로 불러요

친구가 발을 밟고 사과하지 않아요

친구가 놀이 규칙을 지키지 않아요

마음대로 행동하는 친구 때문에 기분이 나쁘고 화가 나는 상황이에요. 규칙을 지키지 않은 친구에게 큰 소리로 화를 내면, 그 친구가 앞으로 규칙을 지키게 될까요? 그렇지 않아요. 화가 난다고 곧바로 폭력적인 방법으로 내 감정을 표현하는 것은 친구에게도, 그리고 나에게도 좋은 방법이 아니에요. 먼저 친구의 마음에 공감해 주고, 어떤 점이 나와 다른 친구들을 기분 나쁘게 했는지 이야기하며 더 나은 행동을 알려 주세요. 그 친구도 자신의 행동을 돌아볼 거예요.

이렇게 말해요

나도 이기고 싶어서 규칙을 지키지 않고 싶은 마음이 들 때가 있어. 하지만 우리가 힘을 합쳐 규칙을 지켰을 때 더 재미있고 뿌듯할 거야.

선생님 꿀팁

규칙은 지킬 때 의미가 있어요. 놀이뿐 아니라 수업 시간이나 공공장소에서 규칙을 지키지 않는 사람이 있으면 어떻게 이야기해야 할지 생각해 보세요.

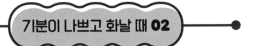

친구가 자꾸 내 말을 무시해요

대화는 '마주 대하여 이야기를 주고받는 것'이에요. 그러니 서로를 존중하는 태도로 상대방의 이야기를 들어 주고, 자연스럽게 이야기가 오가야 해요. 한 사람만 계속해서 말을 하거나 다른 사람의 말을 무시하면 진정한 대화라고 할 수 없겠지요. 내가 대화 중에 무시당하는 기분이 들 때는 솔직하게 나의 마음을 표현해 보세요. 그리고 앞으로 친구가 어떻게 행동했으면 좋겠는지 덧붙여 이야기하는 게 좋아요. 분명 친구도 내 마음을 알아줄 거예요.

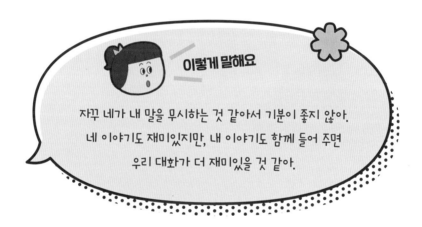

이렇게 말해요

자꾸 네가 내 말을 무시하는 것 같아서 기분이 좋지 않아.
네 이야기도 재미있지만, 내 이야기도 함께 들어 주면
우리 대화가 더 재미있을 것 같아.

선생님 꿀팁

무시하는 것은 상대방을 깔보거나, 상대방의 말을 못 들은 척하거나,
상대방에게 핀잔을 주는 등 다양해요. 어떤 것이든 무시하는 것은
상대방의 기분을 나쁘게 하는 행동이겠지요?

친구가 나에게 나쁜 말을 해요

게임을 하고 나서, 나 때문에 졌다며 친구가 나에게 욕을 하면 어떻게 해야 할까요? 나도 똑같이 욕을 해 줘야 할까요? 나쁜 말에 똑같이 나쁜 말로 상대하면 큰 싸움으로 번질 수 있어요. 이런 상황에 똑똑하게 대처하려면 내가 나쁜 말을 들었을 때 기분이 나빴다는 걸 이야기하고, 앞으로는 나쁜 말을 하지 말라고 확실하게 이야기해요. 친구도 내 감정을 알고 나면 화를 가라앉히고 사과할 거예요. 감정에 휩쓸려서 버럭 화내지 말고 침착하게 내 감정을 생각하고 전달하는 것, 잊지 마세요.

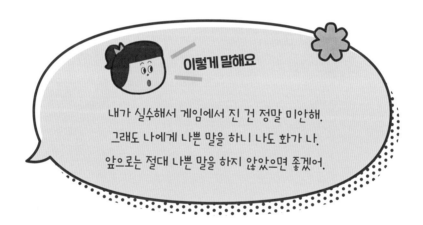

이렇게 말해요

내가 실수해서 게임에서 진 건 정말 미안해.
그래도 나에게 나쁜 말을 하니 나도 화가 나.
앞으로는 절대 나쁜 말을 하지 않았으면 좋겠어.

선생님 꿀팁

언어도 폭력이 될 수 있다는 사실, 알고 있나요? 나쁜 말로 다른 사람의 마음에 상처 주는 것은 몸에 상처 내는 것처럼 '폭력'이 될 수 있답니다.

부모님이 소리 지르며 화를 내요

우리는 이런저런 이유로 부모님께 혼이 나곤 해요. 내 잘못이라도 부모님이 크게 화를 내면 마음이 아프고 괜히 화가 나기도 해요. 이럴 때는 부모님께 똑같이 화를 내는 것이 아니라, 서로의 마음을 이해하려고 노력해야 해요. 부모님도 언제나 완벽하지 않아요. 때로는 지친 마음에 우리에게 화부터 낼 때도 있지요. 상황이 진정되고 나면 부모님과 대화를 통해 내 감정을 솔직하게 표현해 보세요. 우리도 부모님의 마음을 이해하려고 노력해 보면 어떨까요?

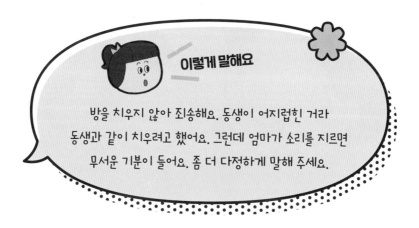

이렇게 말해요

방을 치우지 않아 죄송해요. 동생이 어지럽힌 거라 동생과 같이 치우려고 했어요. 그런데 엄마가 소리를 지르면 무서운 기분이 들어요. 좀 더 다정하게 말해 주세요.

선생님 꿀팁

부모님뿐만 아니라 친구가 나에게 화를 낼 때도 마찬가지예요.
상대방이 화를 가라앉힐 수 있게 시간을 주고, 진정되고 나면
화가 난 이유를 들으며 똑똑하게 문제를 해결해 보세요.

친구가 툭툭 치거나 때려요

24

재미있을 때 옆 사람을 툭툭 치며 웃는 버릇이 있는 친구들이 있어요. 친구는 아무 생각 없이 하는 행동일 수 있지만, 옆 사람은 기분이 나쁠 수 있어요. 말을 하자니 치사한 것 같아 고민이 된다고요? 하지만 사소한 것이 쌓이고 쌓이면 언젠가 펑! 하고 터질 수도 있어요. 친구에게 기분 나쁜 일을 모아서 한 번에 말하기보다는 그때그때 솔직하게 말하는 것이 어떨까요? 그래야 친구도 그때그때 자신의 행동을 돌아보고 고치려고 노력할 테니까요.

이렇게 말해요

네가 나를 툭툭 칠 때 솔직히 말하면 기분이 좋지 않아.
우리가 친해서 하는 너의 버릇인 걸 알지만
앞으로는 하지 않았으면 좋겠어.

선생님 꿀팁

툭툭 치는 것을 넘어 장난이라도 나를 때리거나 쿡쿡 찌르는 것이 반복되면 '폭력'이 될 수 있어요. 이럴 때는 친구에게 하지 말라고 똑똑하게 이야기하고, 그래도 상황이 계속되면 주변 어른께 알려요.

친구가 빌린 물건을 돌려주지 않아요

시간이 한참 지났는데도 친구가 빌린 물건을 돌려주지 않은 적이 있나요? 내 물건인데도 돌려 달라고 말하기 곤란할 때가 있지요. 친구가 치사하다고 할까 봐 고민이 되기도 하고요. 하지만 내가 빌려준 물건을 돌려받는 것은 너무나 당연한 일이에요. 그러니 망설이지 마세요. 빌린 물건을 다시 돌려주는 것은 친구 사이의 믿음을 위해 꼭 지켜야 하는 약속이에요. 혹시 친구가 빌린 사실을 잊었다면 떠올릴 수 있게 말해 주고, 나에게 소중한 물건이라는 것도 함께 알려 주세요.

이렇게 말해요

내가 잘 쓰는 지우개인데 지금 없어서 너무 불편해.
내일까지 꼭 돌려주면 좋겠어.

선생님 꿀팁

친구가 물건을 돌려주지 않아서 생긴 불편함을 말하고,
물건을 돌려받기 원하는 날짜를 알려 주면 더 좋겠지요?

채팅방에서 친구와 오해가 생겼어요

채팅방에서는 얼굴을 보지 않고 대화를 하기 때문에 서로의 말투나 표정, 몸짓을 알 수 없어요. 물론 이모티콘이나 다양한 기능을 통해 내 감정을 어느 정도 표현할 수 있지만, 직접 만나서 대화하는 것만큼 의미가 제대로 전달되지 않아요. 그래서 채팅방에서는 말하는 사람의 의도와 다르게 의미가 전달되어, 오해가 생기는 경우가 있어요. 이럴 때는 채팅을 멈추고 직접 만나거나 전화로 이야기해야 해요. 그리고 말하고자 하는 것을 정확하게 전해서 오해를 풀어야 해요.

이렇게 말해요

나는 그런 의미가 아닌데 채팅으로는 그렇게 느꼈을 수도 있을 것 같아. 우리 만나서 이야기해 보지 않을래?

선생님 꿀팁

채팅방에서는 말하고자 하는 것이 제대로 전달되지 않을 수 있기 때문에 더욱 예의를 갖추고 대화해야 해요. 만약 채팅방에서 친구와 오해가 생겼다면 용기를 내서 만나자고 이야기해 보세요.

친구가 자기 생각만 맞다고 고집부려요

친구와 대화를 나눌 때 다른 사람의 말은 잘 듣지 않고 자기 생각만 맞다고 우기는 친구들이 종종 있어요. 그럴 때면 답답한 마음에 눈살이 찌푸려지고 더 이상 대화하기 싫어지지요. 막무가내로 자기 생각만 맞다고 하는 친구에게 누구나 서로 다른 생각이 있을 수 있다는 것을 알려 줄 필요가 있어요. 서로를 존중하며 자유롭게 생각을 나누다 보면, 혼자서는 미처 알지 못했던 다양하고 멋진 생각이 있다는 것을 깨닫게 돼요. 그러면 친구도 다른 사람의 생각에 귀 기울이게 되겠지요?

이렇게 말해요

들어 보니 네 생각도 좋은 것 같아. 하지만 나에게도
다른 생각이 있으니 한번 들어 보지 않을래?

선생님 꿀팁

내 생각을 말하기 전에 먼저 친구의 생각을 인정하고
존중하는 태도를 갖춰야 해요.

친구가 채팅방에 내 사진을 올렸어요

친구가 허락도 없이 내 사진을 채팅방에 올린다면 화도 나고 몹시 불쾌할 거예요. 내 사진이 내가 모르는 사람들에게까지도 공개되는 것이니까요. 누군가의 사진을 올릴 때는 반드시 그 사람의 허락을 받아야 해요. 왜냐하면 자기 얼굴을 공개하는 것은 오로지 자기 자신만이 결정할 수 있기 때문이에요. 이것은 법으로도 보호되고 있답니다. 따라서 친구가 허락 없이 내 사진을 올렸다면 지워 달라고 당당하게 요구해도 괜찮아요. 그리고 나도 친구의 사진을 찍거나 보낼 때는 반드시 허락을 받아요.

이렇게 말해요

네가 마음대로 내 사진을 올려서 기분이 나빠.
앞으로는 꼭 나에게 물어보고 올렸으면 좋겠어.
지금 올린 사진은 지워 줘.

선생님 꿀팁

친구는 내가 싫어한다는 것을 모르고 내 사진을 채팅방에 올렸을 수도 있어요.
내가 싫어한다는 것을 확실하게 말하고, 사진을 바로 지워 달라고 요구해요.

친구들이 별명으로 불러요

친구들 사이에 별명을 부르는 경우가 많아요. 혹시 친구들이 내가 원하지 않는 별명으로 나를 불러서 기분이 나빴던 적이 있나요? 다들 웃는 상황에서 나도 그냥 웃어넘겨야 할 것 같아서 멋쩍게 웃으며 상황을 넘겼나요? 하지만 기분이 나쁘거나 화날 때는 내 마음을 정확히 표현해야 다른 사람들도 내 기분을 알 수 있어요. 분위기 때문에 그냥 웃어넘긴다면, 앞으로도 같은 일이 반복될 수 있어요. 친구들이 내가 싫어하는 별명으로 부른다면, 내 마음을 정확하게 이야기해 주세요.

이렇게 말해요

얘들아, 나는 돼지라는 별명이 마음에 들지 않아.
그러니 내 이름으로 나를 불러 주면 좋겠어.

선생님 꿀팁

다른 사람들이 웃는다고 따라 웃을 필요는 없어요.
내가 싫다고 분명히 말했는데도 별명을 계속 부르는 것은 언어폭력이에요.
같은 일이 반복된다면 꼭 선생님께 알리도록 해요.

친구가 발을 밟고 사과하지 않아요

가끔 친구들이 발을 걸거나 밟는 등의 장난을 칠 때가 있어요. 장난이 심해지면 더 이상 재미있지 않고 기분을 상하게 해요. 장난이라고 해서 꼭 웃으며 넘겨야 하는 것은 아니에요. 지금까지 본 것처럼 화를 내기보다는 차분하게 내 마음을 전달하면, 상대방이 나를 더 잘 이해할 수 있어요. 이럴 때는 먼저 상대방의 행동에 대해 말하고, 그것 때문에 내 마음이 어떤지 이야기해요. 여기에 앞으로 바라는 점을 덧붙여요. 화가 날 때 내 마음을 전하는 방법, 잘할 수 있지요?

이렇게 말해요

네가 발을 밟아서 기분이 나빴어. 장난인 건 알지만 앞으로 기분 나쁜 장난은 치지 않았으면 좋겠어.

선생님 꿀팁

반대로 내 장난 때문에 친구가 화났을 때는 내 잘못을 인정하고, 사과하며 앞으로 바뀔 행동을 친구에게 약속해 보세요.

2장

거절하고
싶을 때

친구가 시험 시간에 답을 보여 달라고 해요
친구가 수업 시간에 자꾸 말을 걸어요
반장 선거에서 누구를 뽑았냐고 물어봐요
친구가 내 물건을 달라고 해요
친구가 자기 급식을 대신 받아 오라고 해요
친구가 급식 줄에 끼워 달라고 해요
친구가 급식에 나온 맛있는 음식을 달라고 해요
친구가 위험한 놀이를 하자고 해요
친구가 자꾸 돈을 빌려 달라고 해요
할 일이 있는데 친구가 게임을 하자고 해요
친구들이 단체 대화방에 자꾸 초대해요
친구가 하기 싫은 일을 시켜요

친구가 시험 시간에 답을 보여 달라고 해요

아무리 친한 친구의 부탁이라도 시험 시간에 답을 보여 줘서는 안 돼요. 시험은 모두가 같은 조건에서 공정하게 보는 것이에요. 답을 보여 주는 것은 함께 시험을 보는 다른 친구들의 노력을 무시하는 것과 같아요. 그리고 시험을 준비하신 선생님을 속이는 행동이기도 하지요. 시험을 보는 이유는 배운 내용을 내가 얼마만큼 이해했는지 확인하고, 앞으로 더 잘 배울 수 있도록 하기 위해서예요. 답을 보여 준 순간에는 친구를 도와준 것 같지만 정확한 평가를 받을 수 없어 결국 친구를 위한 것이 아니에요.

이렇게 말해요

내가 답을 보여 줘서 이번에 좋은 점수를 받아도,
네가 푼 게 아니니까 언젠간 들통나고 말 거야.
시험은 너 스스로 보면 좋겠어.

선생님 꿀팁

친구가 괜찮다고 해도 내가 괜찮지 않으면 똑똑하게 거절할 수 있어야 해요.
그런데도 친구가 강제로 답을 보여 달라고 하면 꼭 선생님께 도움을 받아요.

친구가 수업 시간에 자꾸 말을 걸어요

이따가 운동장에서 놀자. 뭐 하고 놀까?
술래잡기하고 싶은데. 어쩌고저쩌고…….

속닥 속닥

어, 어.

수업에 집중하고 싶은데 친구가 자꾸 말을 걸어서 어쩔 줄 몰랐던 적이 있나요? 선생님께 혼이 날까 봐 걱정되기도 하고, 다른 친구들의 공부를 방해할까 봐 미안하기도 했을 거예요. 그렇다고 친구의 말을 그냥 무시할 수도 없고, 이런 상황에서는 어떻게 해야 할까요? 친구는 내가 좋아서 자꾸만 말을 거는 것이지만, 지금은 수업에 집중하고 싶다는 나의 마음을 친구에게 알려 줘야 해요. 또는 수업 시간에 떠들면 안 된다는 규칙을 친구에게 말해 줘도 좋아요.

이렇게 말해요

지금은 수업 시간이니 집중하고
우리는 이따가 쉬는 시간에 이야기하자.
그게 우리 모두에게 좋을 것 같아.

선생님 꿀팁

수업 시간뿐만 아니라 취미 활동이나 공부를 할 때 집중할 수 있도록
배려하며 존중하는 것은 아무리 친한 친구라도 꼭 필요하답니다.

반장 선거에서 누구를 뽑았냐고 물어봐요

두근두근 설레는 학급 임원 선거 날이에요. 친구가 나에게 누구를 뽑았냐고 물어봤을 때 솔직하게 말해도 괜찮을까요? 솔직하게 말하면 내가 뽑지 않은 친구가 서운해할 것 같기도 하고, 내가 누구를 뽑았는지 소문이 날 것 같기도 해요. 비밀을 지키는 것은 선거의 아주 중요한 원칙이에요. 친구에게 나의 곤란한 마음을 설명하는 것보다 선거의 원칙을 말하는 것이 바람직해요. 비밀 선거라는 원칙을 들은 친구도 선거에 대해 더 잘 이해할 수 있을 거예요.

이렇게 말해요

우리 반을 위해 가장 열심히 일할 것 같은 사람을 뽑았어.
그리고! 원래 선거는 비밀로 하는 원칙이 있어서
말해 주기 어려워.

선생님 꿀팁

투표는 소중한 권리예요. 누구나 한 표씩 평등하게 가지고 있고,
그 누구도 내가 누구를 뽑았는지 알지 못하는 게 원칙이에요.
그러니 거절을 두려워하지 마세요.

친구가 내 물건을 달라고 해요

와! 그 펜 너무 귀엽다.
나 주면 안 돼?

이건 내가 가장 아끼는 건데.

46

학교에 내가 소중하게 여기는 물건을 가지고 갔는데 친구가 그 물건을 달라고 하면 어떻게 해야 할까요? 소중한 물건이라 주기는 어렵고, 거절하자니 친구가 서운해할 것 같아 고민이 되고 당황스러울 거예요. 주인이 있는 물건을 달라고 하는 것은 분명 무례한 행동이에요. 그 물건을 줄지 말지는 주인인 나만이 정할 수 있지요. 고민한다고 해서 아무 말도 하지 않으면 친구가 또다시 물건을 달라고 요구할 수 있어요. 친구에게 기꺼이 줄 수 없다면 솔직한 내 마음을 말하는 게 좋아요.

이렇게 말해요

이 펜은 생일 선물로 받은 것이고 내가 가장 아끼는 것이라
주긴 어려워. 하지만 네가 꼭 써 보고 싶다면
이번 시간에 빌려줄게.

선생님 꿀팁

친구에게 물건을 줄 수는 없지만, 한 번 사용해 볼 수 있도록
하는 것도 괜찮아요. 그리고 계속되는 요구가 곤란하면
정말 소중한 물건은 되도록 학교에 가져오지 않는 것이 좋겠지요.

친구가 자기 급식을
대신 받아 오라고 해요

48

급식실에서 점심을 먹을 때는 누구나 스스로 자신의 급식판을 챙겨서 음식을 받아요. 팔이나 다리를 다쳐서 급식판을 들고 오기 어려운 친구가 있다면 급식을 대신 받아 주는 따뜻한 배려가 필요하겠지요. 하지만 그렇지 않은데도 본인이 직접 급식을 받지 않고 다른 사람에게 시킨다면, 이것은 이기적이고 잘못된 행동이에요. 친구의 이유 없는 심부름에 불편한 감정이 들면 솔직하게 말해 보세요. 그런데도 친구가 계속 시킨다면 꼭 선생님께 알리도록 해요.

이렇게 말해요

미안하지만 그 심부름은 해 줄 수 없어.
네 급식은 네가 스스로 받았으면 좋겠어.

선생님 꿀팁

친구가 아무 이유 없이 시키는 심부름은 딱 잘라 거절하세요.
그러면서 무조건 해 주기 싫은 것이 아니라 친구가 정말 필요할 때는
기꺼이 도와주겠다는 것을 같이 이야기하세요.

친구가 급식 줄에 끼워 달라고 해요

친한 친구가 무언가 부탁할 때 딱 잘라 거절하기는 쉽지 않아요. 하지만 그 부탁으로 인해 다른 사람들이 피해를 본다면, 그 부탁은 더 이상 둘만의 문제가 아니에요. 급식을 받기 위해서는 누구나 차례대로 줄을 서서 순서에 맞게 배식을 받아야 해요. 친한 친구를 끼워 주는 것은 나뿐만이 아니라 기다리고 있던 다른 친구들의 시간을 빼앗는 행동이에요. 당연히 거절해야 맞고, 그런데도 친구가 계속 끼워 달라고 요구하면 선생님의 도움을 받도록 해요.

이렇게 말해요

네 부탁을 들어주기 어려울 것 같아. 지금 너를 끼워 주면 뒤에서 기다리고 있던 친구들에게 불공평하거든.

선생님 꿀팁

친구의 부탁을 들어줌으로써 다른 사람에게 피해를 줄 수 있다는 것을 이야기하면, 친구도 분명 내 마음을 이해해 줄 거예요.

친구가 급식에 나온 맛있는 음식을 달라고 해요

나 소시지 먹어도 되지? 나 쥐.

나도 아껴 둔 건데?

기다리고 기다리던 점심시간이에요. 그런데 옆에 앉은 친구가 자꾸 맛있는 음식을 달라고 해요. 나도 아껴 둔 음식인데 말이에요. 거절하면 어쩐지 쩨쩨한 것 같고 또 욕심쟁이처럼 보일 것 같기도 해요. 하지만 우물쭈물하다 보면 친구의 부탁이 계속될 수 있어요. 솔직히 표현하는 게 어려워도 확실하게 거절해야 친구도 자신의 부탁이 부담이라는 사실을 알 수 있어요. 거절만 하는 것이 어렵다면 다음에 맛있는 것을 같이 먹자는 식으로 긍정적인 대답을 함께 덧붙여도 좋아요.

이렇게 말해요

나도 소시지를 좋아해서 네게 주는 건 어려울 것 같아.
우리 방과 후에 맛있는 거 같이 먹으러 갈래?

선생님 꿀팁

좋은 관계를 유지하기 위해서는 무조건 좋다고 하는 것보다
때로는 확실하게 거절하는 것도 필요하답니다.

친구가 위험한 놀이를 하자고 해요

야, 너도 같이 놀자.
얼른 올라와!

위험해 보여. 저러다 무너지면
크게 다칠 것 같은데.

친구들과 어울려 노는 것은 참 신나는 일이에요. 하지만 그 놀이가 나를 다치게 할 수 있을 정도로 위험하다면 거절할 수 있어야 해요. 더 나아가 친구에게도 위험한 놀이를 하지 말라고 말해 주어야 해요. 상대방을 존중하지 않는 위험한 놀이는 친구를 다치게 하는 학교 폭력이 될 수 있으니까요. 특히 요즘 유행하는 위험한 놀이는 더더욱 하면 안 돼요. 같이 놀자는 친구의 제안을 거절하기는 쉽지 않겠지만, 안전하게 노는 것이 훨씬 마음도 편하고 즐겁다는 것, 꼭 기억하세요.

이렇게 말해요

나도 너희랑 너무 놀고 싶은데
이 놀이는 하다가 크게 다칠 수도 있을 것 같아.
우리 술래잡기나 축구를 하면 어때?

선생님 꿀팁

함께 놀고 싶은 마음이 크다는 것을 먼저 말하고,
거절할 수밖에 없는 이유를 정확히 설명해요.
그러면 친구도 분명 이해해 줄 거예요.

친구가 자꾸 돈을 빌려 달라고 해요

친구가 돈을 빌려 달라고 했을 때 거절하고 싶은 적이 있었나요? 아마 딱 잘라 거절하기 어려웠을 거예요. 안 빌려주면 친구가 토라지고 같이 놀지 않을 것 같은 생각이 들었기 때문이겠지요. 하지만 돈을 빌려주는 마음이 편하지 않다면 확실하게 거절할 수 있어야 해요. 용돈은 부모님께서 주신 소중한 돈이고 꼭 필요한 곳에 써야 해요. 그러니 이유 없이 빌려주지 않는 게 좋아요. 맡겨 놨다는 듯이 당연하게 돈을 빌려 달라는 것은 친구 사이의 믿음을 깨뜨리는 행동이에요.

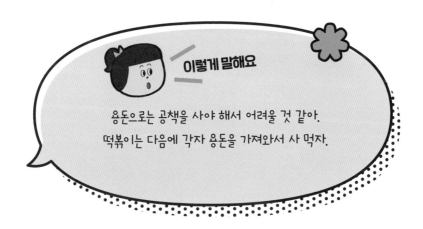

이렇게 말해요

용돈으로는 공책을 사야 해서 어려울 것 같아.
떡볶이는 다음에 각자 용돈을 가져와서 사 먹자.

선생님 꿀팁

만약 친구가 빌려준 돈을 갚지 않을 때는 금액과 기간을 정확하게
말해 주고, 친구가 약속을 지킬 수 있도록 해야 해요.
물론 친구 사이에 돈거래는 최대한 하지 않는 것이 가장 좋겠지요?

할 일이 있는데 친구가 게임을 하자고 해요

달콤한 친구의 말에 넘어갈까 말까 고민이 될 때가 있지요. 머릿속으로는 숙제해야 한다는 걸 알면서도요. 다음 날이 되면 분명히 '친구가 게임을 하자고 졸랐어요.'라는 핑계를 대겠지요. 과연 내가 숙제하지 못한 것은 전부 친구 때문일까요? 나의 행동에 대한 책임은 결국 나에게 있어요. 그러니 어떤 일이 더 중요한지 생각해 보고, 더 중요한 일부터 해결해야 해요. 이럴 때는 친구에게 내 상황을 설명하며 거절하거나, 잠시 기다려 달라고 부탁해 보세요.

이렇게 말해요

나도 너랑 같이 게임하고 싶은데 숙제해야 해.
너 먼저 하고 있으면 내가 숙제 다 하고 갈게.
30분만 기다려 줄래?

선생님 꿀팁

친구가 조른다고 내 일을 하지 못한다면 내 시간의 주인은 내가 아니에요.
내 시간과 행동의 주인은 바로 나라는 것, 잊지 마세요.

거절하고 싶을 때 **11**

친구들이 단체 대화방에 자꾸 초대해요

자꾸만 내가 원하지 않는 단체 대화방에 초대를 받은 적이 있나요? 늦은 시간에 메시지가 와서 부모님께 꾸중을 듣기도 하고, 메시지가 너무 많이 와서 확인하느라 아무것도 못하기도 하지요. 심지어 단체 대화방을 나가도 다시 초대돼 똑같은 일을 겪기도 해요. 이렇게 단체 대화방이 나에게 불편을 준다면 그냥 '나가기' 버튼을 눌러도 되지만, 정확하게 내 기분과 함께 거절의 메시지를 남겨 보세요. 때로는 단호한 태도와 말이 내 마음을 전하는 좋은 방법이 될 수 있답니다.

이렇게 말해요

나에게 꼭 할 말이 있으면 개인 채팅을 하거나 직접 만나서 이야기해 줘. 계속해서 단체 대화방에 초대하는 건 불편하니 앞으로는 하지 마.

선생님 꿀팁

단체 대화방에 끊임없이 초대하는 것은 사이버 폭력이에요.
내가 원하지 않는 내용을 주고받는 단체 대화방은 얼른 나가고,
단호하게 초대를 거절해요. 그래도 계속되면 곧장 어른께 알려요.

친구가 하기 싫은 일을 시켜요

친구가 나에게 하기 싫은 일을 억지로 시키면 어떻게 해야 할까요? 심지어 자신이 시키는 대로 하지 않으면 나와 놀지 않겠다고 한다면요. 친구와 사이가 나빠질까 봐 하기 싫은 일을 무리해서 할 필요는 없어요. 계속해서 친구가 시키는 것을 하다 보면 나중에는 걷잡을 수 없게 될지도 몰라요. 친구가 시켜서 한 행동이라도 결국 그 행동의 책임은 나에게 있어요. 게다가 하기 싫은 일을 요구하는 친구는 좋은 친구라고 할 수 없지요. 내가 하기 싫은 일을 존중해야 더 좋은 친구가 될 수 있답니다.

이렇게 말해요

진짜 친구는 상대방이 싫어하는 걸 억지로 시키지 않아.
너는 내 친구이지만 자꾸 싫어하는 일을 시키면
더 이상 친구가 되기 어려울 것 같아.

선생님 꿀팁

거절할 때는 상대방의 성격이나 상황을 따져 보아도 좋아요.
그래서 때로는 단호하게, 때로는 상대방의 마음을 이해하며
돌려서 거절하는 것도 필요해요.

3장

속상하거나 서운할 때

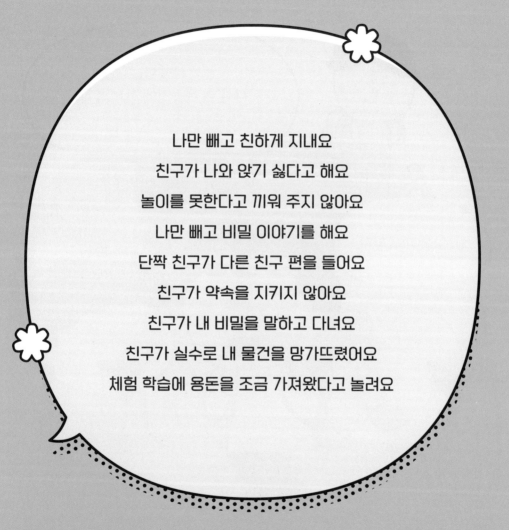

나만 빼고 친하게 지내요

친구가 나와 앉기 싫다고 해요

놀이를 못한다고 끼워 주지 않아요

나만 빼고 비밀 이야기를 해요

단짝 친구가 다른 친구 편을 들어요

친구가 약속을 지키지 않아요

친구가 내 비밀을 말하고 다녀요

친구가 실수로 내 물건을 망가뜨렸어요

체험 학습에 용돈을 조금 가져왔다고 놀려요

나만 빼고 친하게 지내요

나는 분명 친구들과 친하다고 생각했는데 나만 빼고 친구들끼리 놀러 가거나, 내가 모르는 단체 대화방이 있다면 굉장히 서운한 기분이 들 거예요. 그렇다고 친구들에게 직접 왜 나만 빼고 노는지 물어보는 것도 왠지 부끄럽고 치사하게 느껴지고요. 하지만 대화를 나누지 않으면 서로 오해가 더욱 깊어질지도 몰라요. 왜 이런 상황이 되었는지 생각해 보고, 어렵더라도 친구들과 솔직하게 대화를 나누어 보세요. 의외로 별것 아닌 이유일 수도 있어요.

이렇게 말해요

얘들아, 요즘 너희가 나만 빼고 노는 것 같아서 서운해.
나는 너희와 사이좋게 지내고 싶어. 혹시 우리 사이에
오해가 있는 건 아닌지 이야기를 나눠 보면 좋겠어.

선생님 꿀팁

친구들이 일부러 나를 따돌리는 것인지, 아니면 친구들이
나와 좋아하는 것이나 성격이 맞지 않아서 가까워지기 어려운 것인지
생각해 보세요. 그리고 나서 올바른 대처 방법을 떠올리는 것이 좋아요.

친구가 나와 앉기 싫다고 해요

나와 짝이 된 친구가 대놓고 싫어하는 티를 내서 속상했던 적이 있나요? '나는 왜 인기 있는 친구들처럼 될 수 없을까?' 하는 생각이 들기도 하고요. 하지만 다른 사람에게 상처 주는 말을 하는 것은 분명 예의 없는 행동이에요. 친구에게 이 점을 이야기해 주어야 같은 일이 반복되지 않아요. 서운한 마음에 화풀이하기보다 차분한 말투로 먼저 친구의 행동에 대해 이야기해 보세요. 그리고 친구에게 나와 앉기 싫은 이유도 함께 물어보세요. 혹시 내가 잘못한 일이 있다면 고쳐야 하니까요.

이렇게 말해요

네가 나랑 앉기 싫다고 해서 너무 속상했어. 그런 말은 다른 사람에게 상처 주는 말인 것 같아. 그리고 혹시 나랑 앉기 싫은 이유가 있다면 말해 줄래? 내가 고쳐 볼게.

선생님 꿀팁

그 누구도 나에게 상처 주는 말을 할 권리는 없어요.
누군가의 말로 인해 상처를 받았다면, 내가 속상하다는 사실을 말해 주세요.
그래야 그 사람도 자신의 실수를 바로 알 수 있어요.

놀이를 못한다고 끼워 주지 않아요

친구들에게 함께 놀기 싫다는 말을 들으면 누구나 서운하고 슬픈 마음이 들어요. '내가 못해서 그렇구나. 난 왜 이 모양일까?' 하며 스스로 잘못했다는 생각이 들기도 하고요. 놀이를 못한다는 이유로 여럿이 한 명을 따돌리는 행동은 분명 잘못된 것이에요. 그러니 나 때문이라며 스스로를 나쁘게 생각할 필요는 없어요. 잘하는 친구들하고만 어울리려는 무리에 억지로 자신을 끼워 맞추려 애쓰지 마세요. 놀이와 관계없이 나를 있는 그대로 받아 주는 친구가 진정한 친구랍니다.

이렇게 말해요

그래, 알았어.
너희가 나와 놀고 싶지 않다면 어쩔 수 없지.

선생님 꿀팁

여럿이 한 명을 끼워 주지 않고 따돌리는 것은 따돌림이며 학교 폭력이에요.
친구들이 계속해서 나만 놀이에서 제외한다면 선생님께 꼭 도움을 받아요.

나만 빼고 비밀 이야기를 해요

친구들이 나만 빼고 비밀 이야기를 하는 것 같다면 어떻게 해야 할까요? 친구들에게 물어보면 '그런 거 아니야.'라고 할 것 같고, 그냥 넘어가면 나만 따돌림을 받는 것 같아요. '혹시 내 이야기면 어떡하지?' 하고 걱정되기도 하고요. 너무 서운하고 답답한 마음이 들어요. 이럴 때는 내 마음을 솔직하게 표현하는 게 도움이 돼요. 친구들의 어떤 행동 때문에 내 마음이 어떤지, 그리고 친구들에게 앞으로 어떻게 해 주면 좋겠는지 표현하는 것, 이제는 어렵지 않지요?

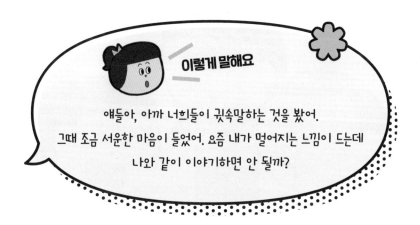

이렇게 말해요

얘들아, 아까 너희들이 귓속말하는 것을 봤어. 그때 조금 서운한 마음이 들었어. 요즘 내가 멀어지는 느낌이 드는데 나와 같이 이야기하면 안 될까?

선생님 꿀팁

친구들이 나와 모든 이야기를 같이 하는 게 당연한 것은 아니에요. 내가 단짝 친구와 둘만의 비밀이 있는 것처럼요. 친구들이 비밀 이야기를 알려 주지 않는다고 해서 억지로 요구하는 것도 옳지 않아요.

단짝 친구가 다른 친구 편을 들어요

언제나 내 편일 것 같았던 단짝 친구가 다른 친구의 편을 들어 주어서
속상했군요. 하지만 단짝 친구라고 해서 무조건 내 편만 들어야 하는 것
은 아니랍니다. 또한 무조건 내 편만 드는 친구를 좋은 친구라고 할 수도
없어요. 단짝 친구에게 무작정 서운해하기보다 다른 친구의 편을 들어 준
이유가 무엇인지 생각해 보세요. 어쩌면 단짝 친구는 나의 잘못된 행동
을 바로잡아 주고 싶었을지도 몰라요. 내 말만 맞다고 생각하지 말고, 다
른 사람의 말을 받아들였을 때 더 나은 내가 될 수 있답니다.

이렇게 말해요

그래, 알겠어. 네 말을 듣고 다시 생각해 보니
내 잘못도 있는 것 같아.

선생님 꿀팁

내가 잘못된 행동을 했을 때 무조건 내 편을 들어 주는 친구보다
솔직하게 말해서 잘못된 행동을 고치게 해 주는 친구가 좋은 친구예요.

친구가 약속을 지키지 않아요

친구와 약속을 했는데 친구가 말없이 약속을 지키지 않았어요. 이럴 땐 서운한 마음과 함께 친구에게 배신감이 들어요. 나만 약속을 소중히 생각하는 것 같고, 친구는 나와의 약속을 별것 아니라고 생각하는 것 같아 속상해요. 우선 친구에게 약속을 취소한 이유를 물어보세요. 혹시 중요한 사정이 있었다면 한 번쯤 친구를 이해해 주는 것도 좋겠지요. 하지만 이런 상황이 반복된다면 믿음이 깨질 수 있다는 것을 친구에게 꼭 이야기하고, 앞으로는 나와의 약속을 소중히 생각해 달라고 말해 보세요.

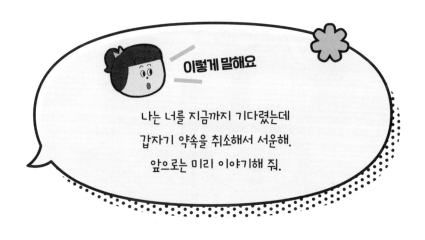

이렇게 말해요

나는 너를 지금까지 기다렸는데
갑자기 약속을 취소해서 서운해.
앞으로는 미리 이야기해 줘.

선생님 꿀팁

만약 내가 친구와의 약속을 지키지 못하게 될 것 같으면,
친구에게 미리 사정을 이야기하고 이해해 달라고 말해야 해요.

친구가 내 비밀을 말하고 다녀요

누구나 한 번쯤 마음속에 있는 비밀을 친한 친구에게 털어놓은 적이 있을 거예요. 그런데 믿었던 친구가 내 비밀을 다른 친구들에게 말하고 다닌 사실을 알게 된다면 배신감은 이루 다 말할 수 없겠지요. 내 비밀을 다른 사람에게 말하고 다닌 친구에게 아무 말도 하지 않는다면, 그 친구는 계속해서 내 비밀을 퍼뜨리고 다닐 수 있어요. 비밀은 한 번 말하는 순간 더 이상 숨길 수 없어요. 그러니 비밀이라면 처음부터 아무에게도 말하지 않는 것이 더 좋겠지요?

이렇게 말해요

다른 친구들에게 내 비밀을 듣게 되어서 너무 속상하고 서운해.
앞으로 내 비밀을 계속 말하고 다닌다면
더 이상 너를 믿을 수 없을 것 같아.

선생님 꿀팁

"나는 너를 가장 믿었고, 그래서 너에게만 내 비밀을 말한 거야."
이렇게 친구에 대한 내 믿음이 컸다는 것을 이야기하면,
그 친구도 분명 부끄러운 마음이 들고 반성을 할 거예요.

친구가 실수로 내 물건을 망가뜨렸어요

내가 아끼는 물건이 다른 사람에 의해 망가지면 너무 속상해요. 하지만 그 속상함을 친구에게 표현하기 전에 친구가 일부러 그랬는지, 실수로 그랬는지 먼저 확인할 필요가 있어요. 실수로 그랬다면 물건을 망가뜨린 친구는 이미 미안해서 어쩔 줄 모를 거예요. 사람은 누구나 실수를 해요. 친구의 실수를 너그럽게 용서해 준다면, 친구는 앞으로 같은 실수를 하지 않으려고 노력할 거예요. 그리고 만약 내가 비슷한 실수를 했을 때 친구도 나를 용서해 줄 거예요.

이렇게 말해요

괜찮아. 네가 일부러 그런 것도
아니고 실수였잖아.

선생님 꿀팁

이미 충분히 미안해하고 있는 친구에게 사과를 요구하는 것보다
넓은 마음으로 이해해 주고 용서해 주는 것이
친구와 더 돈독해지는 방법이랍니다.

체험 학습에 용돈을 조금 가져왔다고 놀려요

즐거운 체험 학습 날! 용돈이 부족해서 기념품을 못 사는 것도 서러운데, 친구들이 짓궂게 놀리기까지 한다면 더 속상하겠네요. 하지만 용돈은 각자 형편에 맞게 가져오는 것이기 때문에 부모님께서 주신 용돈 안에서 쓰는 것이 바람직해요. 친구들이 사는 것을 다 따라서 살 필요는 없어요. 친구들에게 서운한 마음을 표현하고, 각자 가져온 용돈 안에서 쓰는 것이라고 알려 주세요. 체험 학습은 쇼핑하러 가는 것이 아니라 다양한 체험을 통해 보고 느끼기 위해 가는 것, 잊지 마세요.

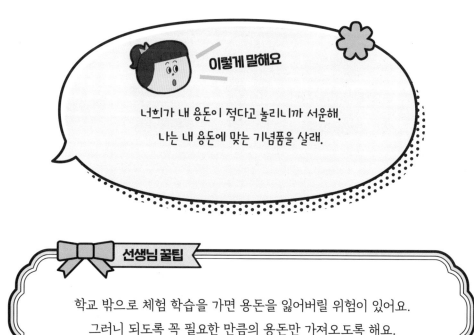

이렇게 말해요

너희가 내 용돈이 적다고 놀리니까 서운해.
나는 내 용돈에 맞는 기념품을 살래.

선생님 꿀팁

학교 밖으로 체험 학습을 가면 용돈을 잃어버릴 위험이 있어요.
그러니 되도록 꼭 필요한 만큼의 용돈만 가져오도록 해요.

4장

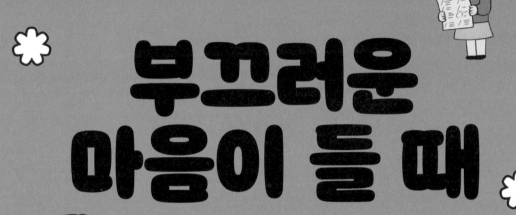

부끄러운
마음이 들 때

친구가 시험에서 많이 틀렸다고 놀려요
친구들이 나 때문에 졌다고 짜증 내요
반장 선거에서 나만 표를 못 받았어요
친구들이 발표 내용이 틀렸다고 놀려요
내 외모를 평가해요
친구들이 내 옷차림을 무시해요
내 키가 작다고 놀려요
친구가 사과를 받아 주지 않아요
친구에게 고백했는데 거절당했어요
잘못을 들켜 부모님께 혼났어요

친구가 시험에서 많이 틀렸다고 놀려요

열심히 공부한 시험에서 기대한 만큼 점수가 나오지 않으면, 스스로에게 실망스러운 마음이 커요. 그런데 친구가 그걸 가지고 놀린다면 부끄러운 마음이 들 거예요. 친구에게는 장난일 수 있지만, 나에게는 상처가 될 수 있다는 걸 친구가 잘 모를 수 있어요. 그러니 이런 상황에서는 내 마음을 솔직하게 표현해 보세요. 그리고 틀린 것을 부끄러워하며 숨기지 말고, 실수나 실패로부터 배워 나가는 것이 더 중요해요. 내 마음에 덧붙여 나의 다짐을 친구에게 당당하게 말해도 좋아요.

이렇게 말해요

네가 나를 놀릴 때 내 기분이 좋지 않았어.
오늘은 비록 실수를 많이 했지만, 다음에는 더 잘하려고
노력할 테니 지켜봐 줘.

선생님 꿀팁

우리는 실수로부터 성장해 나가요. 나에게 성장할 기회가 필요한 것처럼
나를 놀리는 친구에게도 성장할 기회를 주는 건 어떨까요?

친구들이 나 때문에 졌다고 짜증 내요

골문 앞, 떨리는 마음으로 공을 찼지만 엉뚱한 곳으로 공이 날아가고 말았어요. 모두가 나를 지켜보는 것 같아 부끄러운데, 친구들이 나에게 짜증을 내니 쥐구멍에라도 들어가고 싶어요. 다 같이 참여하는 팀 경기에서 누군가 실수를 한다면, 다른 팀원들은 기분이 별로 좋지 않겠지요. 이기기 위해 노력해 왔으니 당연한 감정이에요. 그러니 이런 친구들의 마음도 이해하며 먼저 실수를 인정하고 사과해 보세요. 친구들도 나를 존중하고 더욱 힘을 내서 함께 경기를 하게 될 거예요.

이렇게 말해요

얘들아, 자꾸 실수해서 미안해. 내가 공을 차는 건 잘 못하는 것 같아. 수비 역할로 바꿔서 해 봐도 될까? 나를 한 번 더 믿어 주면 힘을 내서 더 잘해 볼게.

선생님 꿀팁

체육 경기나 놀이는 이기고 지는 것보다 서로 협동하고 존중하며 경기에 참여하는 것이 더욱 중요하답니다.

반장 선거에서 나만 표를 못 받았어요

반장이 되고 싶었는데 표를 못 받아서 속상해요. 거기에다 친구가 놀리기까지 하니 너무 부끄러워요. 반장 선거에 나가서 떨어지는 것은 부끄럽고 창피한 일이 아니에요. 우리 반을 위해 용기 있게 후보로 나온 것만으로도 박수받을 만한 일이지요. 반장이 된 친구보다 표를 덜 받았다고 해서 친구들이 싫어한다거나 인기가 없다고 생각하지 말아요. 반장 선거는 인기투표가 아니에요. 부끄러워하고 좌절하기보다 반장이 된 친구를 진심으로 축하해 주고, 다음 학기에 다시 도전해 보는 건 어떨까요?

이렇게 말해요

나는 괜찮아. 나도 서준이가 반장이 돼서 기뻐.
나는 다음에 다시 도전해 볼래.

선생님 꿀팁

반장 선거는 우리 반을 위해 열심히 봉사하고
책임감 있게 이끌 수 있는 사람을 뽑는 거예요.
반장으로 뽑힌 친구를 존중해 주고 배울 점을 본받아 보세요.

친구들이 발표 내용이 틀렸다고 놀려요

수업 시간, 자신 있게 손을 번쩍 들고 발표했지만, 실수로 답을 틀리고 말았어요. 안 그래도 부끄러운 상황인데, 믿었던 친구들마저 놀리니 어디론가 도망치고 싶은 기분이 들어요. 부끄러움은 나쁜 감정이 아니에요. 화를 내거나 아닌 척하며 감정을 숨길 필요는 없어요. 이럴 때는 오히려 내 감정을 인정하고 솔직하게 표현하는 게 좋아요. 친구들도 내 기분을 알게 된다면 미안한 마음을 가지게 될 거예요. 무엇보다 수업 시간에 적극적으로 발표를 하는 것 자체가 용기 있는 일이랍니다.

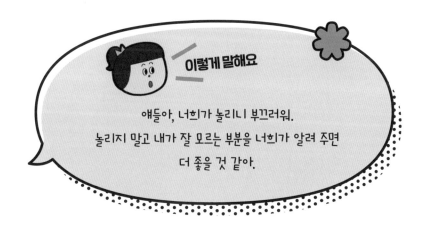

이렇게 말해요

얘들아, 너희가 놀리니 부끄러워.
놀리지 말고 내가 잘 모르는 부분을 너희가 알려 주면
더 좋을 것 같아.

선생님 꿀팁

선생님은 발표했을 때 맞고 틀리는 것보다
얼마나 적극적으로, 용기 있게 참여했는지가 더 중요하다고 생각해요.
그러니 틀려도 걱정하지 말아요.

내 외모를 평가해요

누군가 내가 없는 자리에서 내 외모를 평가하고 순위를 매긴다면 기분이 매우 나쁘고 불쾌할 거예요. 사람마다 각자 자신만의 아름다움이 있기 때문에 다른 사람의 외모를 함부로 평가해서는 안 돼요. 친구의 평가만 듣고 내 외모를 부끄러워하거나 창피하게 생각할 필요도 없답니다. 우리는 모두 저마다 각자의 매력이 있고 소중해요. 나의 겉모습만 보고 평가하는 친구에게 그것은 무례한 행동이라는 것을 똑똑히 알려 주도록 해요. 그리고 나의 모습에 당당하게 자신감을 가져 보세요.

이렇게 말해요

내가 없는 곳에서 내 외모에 대해 이야기하는 건
너무 기분이 나쁘고 불쾌해. 앞으로 그러지 않았으면 해.

선생님 꿀팁

내 외모에 대한 친구의 말을 듣고 부끄럽다고 해서 피한다면
문제를 해결할 수 없어요. 그 말을 들은 솔직한 감정을 친구에게 전해 보세요.
그러면 그 친구도 분명 자신의 행동을 부끄러워할 거예요.

친구들이 내 옷차림을 무시해요

내가 좋아하는 음식은 무엇인가요? 치킨, 떡볶이, 햄버거……. 이렇게 사람마다 좋아하는 음식이 다른 것처럼 좋아하는 옷차림도 달라요. 또 치킨을 좋아하거나 떡볶이를 좋아하는 건 틀린 것이 아니라 다른 것처럼, 내가 좋아하는 옷도 마찬가지예요. 어떤 사람들은 다른 사람의 옷차림뿐 아니라 행동이나 생김새 등을 쉽게 평가하곤 해요. 하지만 그런 평가에 따라 나를 바꿀 필요는 없어요. 내가 좋아하는 옷을 입는 것은 나의 기분을 좋게 하는 일이니까요.

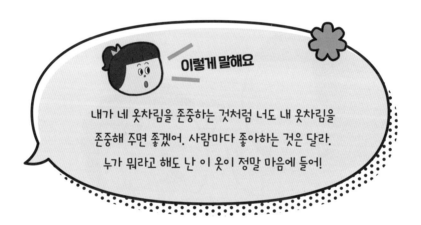

이렇게 말해요

내가 네 옷차림을 존중하는 것처럼 너도 내 옷차림을 존중해 주면 좋겠어. 사람마다 좋아하는 것은 달라. 누가 뭐라고 해도 난 이 옷이 정말 마음에 들어!

선생님 꿀팁

자신감은 자신을 사랑하는 마음에서 출발해요. 다른 사람의 평가가 어떻든 간에 자신을 스스로 사랑하는 멋진 사람이 되어 보세요.

내 키가 작다고 놀려요

사람은 다 다르게 생겼어요. 책 표지만 보고 그 책의 내용을 다 알 수 없는 것처럼, 사람의 겉모습만 보고 그 사람이 어떤 사람인지 판단할 수 없어요. 따라서 키가 작다는 이유만으로 내 실력을 낮게 평가하고 놀리는 것은 비겁하고 무례한 행동이에요. 키와 관계없이 누구나 잘하는 것이 분명히 있으니까요. 그리고 나는 장점이 충분히 많은 사람이니까요. 그러니 작은 키는 전혀 부끄러워할 점이 아니랍니다. 여러분은 계속 크고 있으니 올바른 생활 습관과 건강한 마음가짐을 갖도록 해요.

이렇게 말해요

나는 키가 작아도 충분히 할 수 있으니까
그런 식으로 말하지 말아 줘.

선생님 꿀팁

키가 작으면 어때요! 작은 키도 충분히 나의 매력이 될 수 있어요.
다른 사람의 말에 휘둘리지 말고 나 자신을 있는 그대로 아껴 주세요.

친구가 사과를 받아 주지 않아요

내 실수로 친구가 기분이 상했을 때는 얼른 사과를 해야겠지요. 하지만 용기를 내서 사과를 했는데도 친구가 받아 주지 않는다면, 당황스럽고 부끄러운 마음이 들 거예요. 사람마다 감정이 흐르는 속도는 달라요. 그러니 친구가 여전히 화가 남아 있는 경우에는 그 감정을 존중해 줘야 해요. 친구에게 시간을 주면서 친구가 마음을 열 수 있도록 기다려 주는 것도 필요하답니다. 친구 사이라도 서로에게 감정은 강요할 수 없어요. 그러니 친구의 마음을 진심으로 이해하고 용서를 구해야겠지요?

이렇게 말해요

미안해. 네가 아직 화난 거 이해해.
네가 준비될 때까지 기다릴 테니 언제든 나랑 다시
이야기하고 싶으면 알려 줘.

선생님 꿀팁

사과를 할 때는 자신의 잘못을 인정하고,
앞으로 어떻게 하겠다는 것을 함께 이야기하면 좋아요.

친구에게 고백했는데 거절당했어요

좋아하는 친구에게 용기 내어 고백해 본 적이 있나요? 진심을 담아 마음을 전했으면 이제 대답은 상대방의 몫이에요. 좋아하는 친구가 고백을 거절한다면 속상하기도 하고 부끄러운 마음도 들 거예요. 하지만 내가 좋아한다고 해서 상대방이 무조건 고백을 받아들여야 하는 건 아니랍니다. 또 친구가 고백을 거절했다고 해서 나를 싫어하는 건 아니에요. 그러니 친구가 받아 주지 않더라도 너무 속상해할 필요는 없어요. 정말로 그 친구를 좋아한다면 친구의 대답을 존중할 수 있어야 해요.

이렇게 말해요

그래, 알겠어. 속상하지만
나도 너와 좋은 친구로 지내고 싶어.

선생님 꿀팁

친구가 내 고백을 거절했다고 해서 미워하거나 싫어하면 안 돼요.
친구는 예상치 못한 고백이라 당황스럽고 곤란할 수 있어요.

잘못을 들켜 부모님께 혼났어요

부모님께 혼날까 봐 잘못을 숨기다가 들킨 적이 있나요? 그 순간에도 상황을 피하려고 또 다른 거짓말을 떠올리진 않았나요? 사람은 누구나 피하고 싶은 순간이 오면 그 순간을 벗어나기 위해 방법을 찾아요. 하지만 잘못을 덮기 위해 또 다른 거짓말을 하면, 잘못은 걷잡을 수 없이 커져요. 스스로 부끄러운 마음이 들기도 하고요. 내가 한 잘못은 인정하고 솔직하게 말하면 부모님도 용서해 주실 거예요. 혼나는 것이 무서워도 솔직하게 말하는 게 바로 용기랍니다.

이렇게 말해요

엄마, 죄송해요. 사실은 놀다가 실수로 화병을 넘어뜨렸어요. 앞으로는 조심해서 놀게요.

선생님 꿀팁

부모님은 사실대로 말해 주길 바라요. 내가 진심으로 잘못을 뉘우치고 앞으로의 다짐까지 말한다면 부모님은 이해해 주실 거예요.

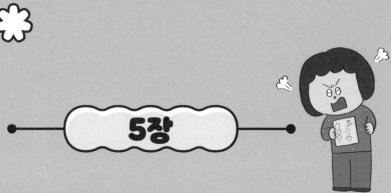

5장

억울하거나
당황스러울 때

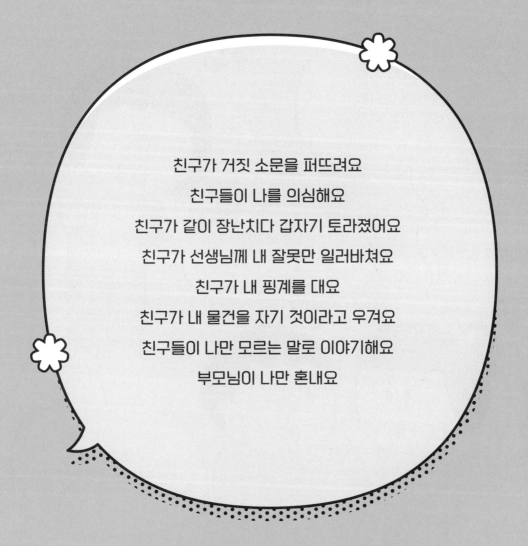

친구가 거짓 소문을 퍼뜨려요

친구들이 나를 의심해요

친구가 같이 장난치다 갑자기 토라졌어요

친구가 선생님께 내 잘못만 일러바쳐요

친구가 내 핑계를 대요

친구가 내 물건을 자기 것이라고 우겨요

친구들이 나만 모르는 말로 이야기해요

부모님이 나만 혼내요

친구가 거짓 소문을 퍼뜨려요

내가 하지도 않은 말이나 행동을 진짜인 것처럼 친구가 퍼뜨린다면 기분이 어떨까요? 거짓 소문으로 인해 오해를 받고 친구들로부터 따가운 눈총까지 받는다면 너무 억울할 거예요. 너무 억울한 나머지 흥분해서 큰 소리로 말한다면 오히려 거짓 소문에 불을 지피는 게 돼요. 이럴 때일수록 침착하게 거짓을 바로잡아야 해요. 거짓 소문을 내고 다니는 친구에게 다시는 근거 없는 소문을 퍼뜨리지 말라고 단단히 주의를 주세요. 거짓 소문만큼 자극적이고 널리 퍼지는 것은 없기 때문이에요.

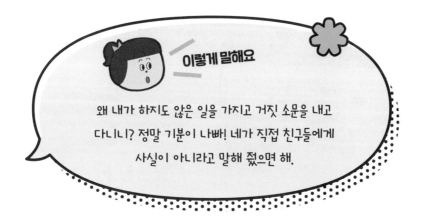

이렇게 말해요

왜 내가 하지도 않은 일을 가지고 거짓 소문을 내고 다니니? 정말 기분이 나빠! 네가 직접 친구들에게 사실이 아니라고 말해 줬으면 해.

선생님 꿀팁

거짓으로 소문을 퍼뜨려서 한 사람의 사회적 평가를 떨어뜨리는 것을 '명예 훼손'이라고 해요. 비록 어린이는 법에서 처벌받지 않지만, 어른은 처벌받을 정도로 나쁜 행동이랍니다.

친구들이 나를 의심해요

교실에서 물건이 사라졌는데 친구들이 나를 의심한다면 정말 억울하고 속상할 거예요. 이럴 때는 침착하게 내가 그런 일을 하지 않았음을 알려야 해요. 또한 잃어버린 물건을 찾을 수 있게 친구를 도와주는 것도 좋겠지요. 그래도 계속해서 친구들이 나를 믿지 못한다면, 내가 그 시간에 하고 있었던 일을 차분히 설명해 보세요. 이때 주의할 점은 당장 나를 향한 의심을 피하려고 다른 친구를 또 의심하게 만드는 것은 안 돼요. 오해가 풀리면 친구들에게 진심 어린 사과를 받는 것도 잊지 마세요.

이렇게 말해요

얘들아, 너희가 나를 의심하는 것 같아 억울하고 속상해.
내 자리가 그쪽이라 지나갔을 뿐이야.
나도 도울 테니 우리 함께 찾아보자.

선생님 꿀팁

내가 물건을 잃어버렸을 때도 마찬가지예요.
내 느낌만으로 다른 사람을 함부로 의심하지 말고,
조심스럽게 물어보거나 어른께 도움을 요청해요.

친구가 같이 장난치다 갑자기 토라졌어요

친구와 같이 장난치며 노는 것만큼 즐거운 일은 없지요. 하지만 한창 재미있게 서로 장난치다가 갑자기 친구가 토라진다면 너무나 당황스러울 거예요. 조금 전까지만 해도 웃으면서 함께 한 장난이었는데 혼자서만 토라지다니요. 아무리 장난이라도 상대방이 기분이 나쁘고 상처받았다면 멈추고 사과해야 해요. 장난은 하는 사람과 당하는 사람, 그리고 지켜보는 사람들까지 모두 즐거워야 한답니다. 그중 누구라도 기분이 나쁘고 불쾌하다면 더 이상 장난이 아니에요.

이렇게 말해요

미안해. 널 아프게 하려고
일부러 그런 건 아니야.

선생님 꿀팁

내가 일부러 친구를 아프게 하거나 기분 나쁘게 하려고 한 행동이 아니라고
말하고, 진심을 담아 사과해 보세요. 친구도 분명 이해해 줄 거예요.

친구가 선생님께 내 잘못만 일러바쳐요

고자질은 친구 사이를 나쁘게 만드는 행동이에요. 그런데 믿었던 친구의 고자질을 듣는다면 배신감에 몸이 떨리고 눈물이 핑 돌 거예요. 하지만 억울하다고 울기만 하거나 친구에게 화만 낸다면 선생님은 더욱 오해하실지도 몰라요. 그러니 나를 위해 잠시 감정을 가라앉히고, 선생님께 침착하게 말씀드려야 해요. 먼저 내가 잘못한 일은 솔직히 인정하고 죄송하다고 말해요. 그리고 내가 억울한 부분을 덧붙여서 이야기해 보세요. 선생님도 공평하게 여러분의 말에 귀 기울이실 거예요.

이렇게 말해요

선생님, 복도에서 뛰어다닌 것은 잘못했어요. 앞으로 조심할게요. 그런데 제가 먼저 하자고 한 건 정말 아니에요.

선생님 꿀팁

"아니에요! 쟤가 먼저 하자고 그랬어요." 대신
나의 잘못을 인정하고 사실을 있는 그대로 말하는 것, 꼭 기억하세요.

친구가 내 핑계를 대요

친구가 내 핑계를 대며 부모님께 거짓말을 했군요. 친구의 부모님께 공부를 방해하는 아이라는 오해를 받을까 봐 당황스러웠을 거예요. 이럴 때는 친구에게 네가 내 핑계를 댄 것을 알고 있고, 그래서 내 기분이 어떤지 이야기해 보세요. 친구도 자신의 행동을 책임져야 해요. 또 부모님이 아니더라도 선생님이나 다른 친구들에게 친구가 내 핑계를 댄다면, 당황하지 말고 내가 한 행동을 똑바로 설명해야 해요. '뭐 어때?' 하고 넘어가면 다른 사람들이 나에 대해 오해할지도 몰라요.

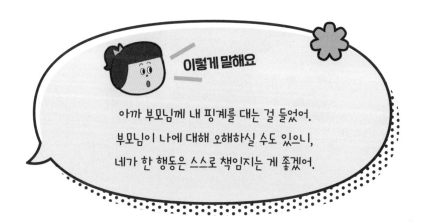

이렇게 말해요

아까 부모님께 내 핑계를 대는 걸 들었어.
부모님이 나에 대해 오해하실 수도 있으니,
네가 한 행동은 스스로 책임지는 게 좋겠어.

선생님 꿀팁

만약 비슷한 상황에서 친구를 통해서가 아니라 내가 직접 오해를 풀 수 있다면,
내가 한 행동과 하지 않은 행동을 똑똑하게 설명해 보세요.

친구가 내 물건을 자기 것이라고 우겨요

118

친구가 내 물건을 자기 물건이라고 우긴다면 참으로 억울한 일이에요. 친구가 물건의 모양이나 특징이 자기 것과 같다는 이유로 계속 의심을 하면 괜히 내가 잘못한 것 같은 기분마저 들지요. 아무리 친구가 자기 물건이라고 말해도 사실이 아니라면 주눅 들 필요 없어요. 이럴 때는 당당하게 말해 보세요. 확실한 증거 없이 느낌만으로 우기는 것은 예의 없고 조심성 없는 행동이라고요. 친구의 잘못된 행동을 일깨워 주고 나서, 그 물건이 내 것인 이유를 덧붙여 말해 주세요.

이렇게 말해요

네 것은 전부터 썼으니까 많이 닳아 있지만, 내 것은 어제 사서 거의 새것이야. 그러니까 이 지우개는 네 것이 아니야. 네 것이라고 우긴 것에 대해서는 사과해 주었으면 해.

선생님 꿀팁

억울하다고 해서 흥분하면 안 돼요. 내 물건이 친구의 것이 아닌 이유를 차분히 말하면, 친구도 자신이 착각했다는 것을 깨닫고 사과할 거예요. 앞으로는 내 물건에 꼭 이름을 쓰도록 해요.

친구들이 나만 모르는 말로 이야기해요

친구들과 이야기할 때 다들 알지만 나만 모르는 말을 쓴다면 굉장히 당황스러워요. 무슨 말인지 알아들을 수 없어 답답하기도 하고요. 친구들에게 물어보자니 자존심 상하고, 모르는 내가 이상한 것 같고, 대화를 따라갈 수 없어 외로운 기분마저 들어요. 요즘 유행하는 말이나 자기들끼리 쓰는 말을 다른 사람도 당연히 알 것이라고 생각하는 친구들의 행동은 바람직하지 못해요. 친구들에게 무슨 말인지 물어보고, 앞으로는 모두가 아는 말로 대화하자고 이야기해 보세요.

이렇게 말해요

얘들아, 난 그게 무슨 말인지 몰라.
우리 모두가 아는 말로 이야기하면 어때?

선생님 꿀팁

'은어'는 특정 집단의 사람들이 다른 사람들이 알아듣지 못하도록
자기들끼리 사용하는 말이에요. 은어나 요즘 유행하는 신조어를 쓰면서
여럿이 한 명을 제외하는 것은 따돌림이자 학교 폭력이 될 수 있어요.

부모님이 나만 혼내요

동생과 시간을 보내다 어떤 사고가 나면, 보통 부모님은 맏이인 나를 더 혼낼 때가 많아요. 나이가 어린 동생보다 나를 더 믿기 때문이지요. 그래서 실망한 만큼 나를 더 혼내는 거예요. 하지만 밀려오는 억울함은 어쩔 수 없어요. 억울한 마음에 동생 핑계를 대기도 하고요. 그럼 또다시 잔소리 전쟁이 시작되지요. 이럴 때는 나의 억울함보다는 속상한 마음을 전하고, 앞으로 조심하겠다는 약속과 함께 있었던 일을 이야기해요. 그러면 부모님도 나를 이해해 주시고, 나를 든든하게 생각하실 거예요.

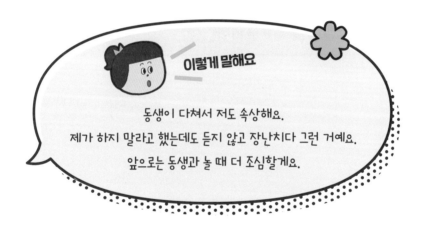

이렇게 말해요

동생이 다쳐서 저도 속상해요.
제가 하지 말라고 했는데도 듣지 않고 장난치다 그런 거예요.
앞으로는 동생과 놀 때 더 조심할게요.

선생님 꿀팁

"제 잘못이 아니에요. 동생 때문이에요."라고 말하면
변명처럼 들릴 수 있어요. 그보다 앞으로 동생을 잘 돌보겠다는 약속이
훨씬 더 효과적이랍니다.

 **오늘 하루 말하기 일기**

오늘 나눈 대화 중 가장 기억에 남는 말은 무엇인가요?

그 말은 나에게 어떤 마음이 들게 했나요?

상처 주는 말에 내 마음을 어떻게 말했나요?